HONOR BLACKMAN

SE DÉFENDRE AVEC STYLE

HONOR BLACKMAN

SE DÉFENDRE AVEC STYLE

MANUEL D'AUTODÉFENSE

POUR EN FINIR AVEC LES INSISTANTS, LES RELOUS, LES CRÉTINS, LES « MADAME, T'ES BONNE », LES POÈTES QUI PARLENT AVEC LEURS MAINS...

le cherche midi

Vous pouvez consulter notre catalogue général et l'annonce
de nos prochaines publications sur notre site : www.cherche-midi.com

92 avenue de France
75013 Paris

En collaboration avec Joe et Doug Robinson
Titre original : *Honor Blackman's Book of Self Defense*
Éditeur original : Andre Deutsch

Traduction : Lou Vago
Conception graphique et couverture : Justine Dupré
Photographies : Brian Worth
Photogravure : Nord Compo

Dépôt légal : novembre 2023
978-2-7491-7869-1

« SAVOIR SE DÉFENDRE, POUR ÊTRE SUR UN PIED D'ÉGALITÉ AVEC LES HOMMES »

Le judo a été décrit comme l'art de la feinte ; et je dois dire que, depuis deux ou trois ans que je le pratique – dans un cadre professionnel –, j'ai fait mine de laisser la victoire à de nombreux hommes avant de les envoyer valser dans les airs avec la plus grande facilité, peu importe leur force.

Tout a commencé par un travail ; mais ma fascination pour cet extraordinaire mélange d'art et d'exercice physique, qui parvient à être un moyen d'autodéfense d'une splendide efficacité tout en évitant la douloureuse indignité d'une foire d'empoigne, n'a depuis fait que grandir.

Je travaillais alors sur un programme télévisé anglais dans lequel j'interprétais une James Bond au féminin, avec une touche de Pearl White. Il y avait de nombreuses raisons au succès de cette série ; l'un des facteurs majeurs, toutefois, était sans aucun doute que je semblais passer mon temps à lancer dans les airs des voyous très musclés, offrant une démonstration de A à Z d'autodéfense et de judo en pleine action.

Ça n'avait pas été un plan calculé ; j'entends par là qu'il n'y avait pas de clause dans mon contrat m'engageant à offrir mes membres en pâture au sol de ciment du studio d'enregistrement. À vrai dire, la série, intitulée *Chapeau melon et bottes de cuir*, aurait pu avoir un tout autre impact si j'avais suivi les conseils d'un charmant ancien résistant français que j'étais allée voir au début du tournage.

« Que peut faire une jeune fille, lui avais-je demandé, lorsqu'une grosse brute révèle soudainement ses mauvaises intentions et qu'elle est seule sans personne pour venir à son secours ? »

Il avait hésité – un événement rare dans sa vie, à mon avis.

« Puis-je être grossier ? »

Après tout, j'avais posé la question. J'avais donc acquiescé.

Son sourire s'était fait nostalgique quand il s'était penché vers moi en confidence.

« Le genou, à l'endroit qui lui fait le plus mal », avait-il soufflé.

Son astuce m'aurait probablement évité une dépense d'énergie et de nombreux bleus, mais je suis sûre d'une chose : je ne serais pas devenue très populaire auprès des autres acteurs !

Au bout de la troisième semaine de tournage, alors que, suivant le script, je m'apprêtais *à nouveau* à sortir un pistolet de mon sac, l'ennui provoqué par ces répétitions ne nous fut plus supportable, et nous avons décidé d'élargir nos horizons.

Nous avons d'abord essayé d'utiliser des tactiques surprenantes pour mes adversaires comme pour le public, par exemple en m'équipant d'un holster attaché à mon bas (un homme merveilleux, à l'armurerie, nous avait alors fait toute une leçon, très imagée, sur la manière dont les espionnes portaient leurs armes et les dégainaient – leçon rendue d'autant plus difficile à prendre au sérieux qu'il portait alors ma jarretière noire autour de la cuisse de son impeccable pantalon de costume).

Mais, aussi féminin que fût le holster, même en choisissant le plus petit revolver qui soit, cette installation me donnait une démarche étrange et, à bien y réfléchir, on ne trouve pas tant d'endroits que cela où l'on puisse se permettre de soulever sa jupe dès qu'on aperçoit un assaillant potentiel.

Le choix d'une combinaison de cuir noir comme tenue de combat fut lui aussi presque accidentel et reposait sur un raisonnement pratique : Cathy, l'héroïne du programme, menait une vie très active et je me suis rapidement rendu compte qu'il était hors de question que je porte des jupes. Quand on se retrouve à l'envers, les jambes au-dessus de la tête, la dernière chose dont on veut se soucier, c'est de savoir si le haut des jarretelles est visible. Un pantalon et une veste semblaient donc être une bonne idée. Le cuir est résistant et difficile à agripper : le choix était fait.

Il devenait dès lors clair que porter une arme à feu de manière discrète était extrêmement difficile pour une femme : les hommes, eux, placent leurs holsters sous les aisselles, mais ils n'ont à se soucier ni de leurs poitrines ni de leurs pulls ajustés. Les épées et les dagues, avions-nous décidé, étaient non seulement difficiles à cacher, mais aussi dangereuses (il n'y a pas de cran de sûreté). Quant aux couteaux à cran d'arrêt, ils étaient peu populaires et ne correspondaient de toute façon pas à l'image d'une jeune femme élégante, infiltrée dans des organisations criminelles à titre purement amateur. Il ne restait donc que le physique pur.

C'est à ce moment-là que nous avons découvert le noble art de l'autodéfense. Progressivement, l'expertise du judo fut introduite dans l'écriture de mon rôle. Pas assez lentement, toutefois : j'ai encore sur mon dos des cicatrices dont j'ai hérité en me lançant dans un combat avant d'avoir pleinement maîtrisé les techniques de chute.

Ainsi, mon intérêt pour le judo est né de la seule nécessité : c'est la méthode de combat à mains nues la plus efficace. Il a été intégré au programme d'entraînement de la plupart des forces armées lors de la Seconde Guerre mondiale ; les policiers et policières apprennent le judo. Son plus grand avantage – surtout pour les femmes – est probablement qu'il ne requiert pas de puissance brute. Il s'agit littéralement de retourner celle de son adversaire contre lui. Et cela fonctionne.

J'ai une opinion plutôt tranchée à propos de l'usage gratuit de la violence, et c'est une autre des raisons pour lesquelles le judo me plaît : il s'agit essentiellement d'une technique *défensive*. En théorie, il est impossible d'utiliser ses compétences de judo à moins que quelqu'un vous attaque ou soit menaçant en premier lieu. Dans *Chapeau melon et bottes de cuir,* Cathy utilise exclusivement le judo pour repousser une attaque ou arrêter un criminel.

Parce qu'il n'est pas possible de simuler quelque chose d'aussi précis que le judo, j'ai continué à prendre des leçons, à apprendre sur le sujet. Je suis allée au gymnase de Joe et Doug Robinson, à Londres, où je me suis fait battre à plate couture, encore et encore, pendant des heures, jusqu'à apprendre les prises, projections, coups et clés que n'importe quel judoka expérimenté incorpore dans ses combats.

Petit à petit, je me suis aperçue que mes réflexes s'amélioraient, que mes mouvements étaient plus souples et relâchés, et que j'étais en excellente forme. Mais cela allait encore plus loin : le judo est bien plus qu'un ensemble d'exercices, c'est un état d'esprit. Pour ma part, au-delà du plaisir, j'y ai trouvé une énorme valeur psychologique. Je suis plutôt à fleur de peau et, à une époque de ma vie, je me suis sentie particulièrement inutile en tant qu'individu. Bien sûr, le judo n'est pas une panacée qui bannit toute inquiétude grâce à un simple exercice de respiration. Toutefois, il aide à acquérir une forme de stabilité, une force qui permet aux âmes sensibles d'affronter le monde.

Comme avec le yoga, on se découvre plus sereine, plus confiante : mieux équipée pour faire face aux coups de massue du quotidien.

Pour les hommes comme pour les femmes, il peut libérer des forces jusque-là étouffées par l'anxiété ou un sentiment d'infériorité.

Il permet sans doute à certains hommes d'affirmer leur masculinité, et peut se révéler utile pour les femmes. Par exemple, depuis que je pratique cet art martial, je me trouve bien mieux parée pour discuter avec les hommes. Cela ne signifie pas que mes interactions sociales basculent dans la violence physique à chaque désaccord. Il n'est pas dans mes habitudes d'affirmer mes opinions à l'aide d'un coup de pied « à l'endroit qui fait le plus mal ». La discussion peut s'en passer. Mais je pense – et la plupart des femmes sont d'accord avec moi, même si elles ne le disent pas publiquement – qu'une forme d'agressivité est implicitement présente dans tout rapport femme-homme. Nous éprouvons le désagréable sentiment d'être des citoyennes de seconde zone.

Se défendre, être sur un pied d'égalité avec un homme… voilà qui donne à une fille une assurance réconfortante et un sens de la parité qui fait d'elle une femme encore plus accomplie, car elle est libérée de la contrainte constante de prouver sa valeur.

Je sais avec certitude que le judo est désormais une part importante de ma vie. Même quand je suis extrêmement occupée, je pratique quelques mouvements de base le matin, au réveil, pour bien démarrer la journée.

C'est pendant un temps de repos, un après-midi après l'entraînement, au gymnase tenu par les Robinson, que l'idée de ce livre m'est venue : il m'a semblé qu'un ouvrage simple, basique même, avec de nombreuses illustrations étape par étape, pouvait se révéler une aide précieuse pour quiconque s'intéresse à l'autodéfense.

Ainsi, les Robinson et moi nous sommes réunis, et nous avons réfléchi aux situations gênantes dans lesquelles on peut se retrouver ; puis nous avons mis au point des solutions pour s'en extraire.

Malgré quelques fous rires en mettant en scène certaines des photographies et un traitement léger du sujet, je vous assure que les situations et leur résolution sont absolument authentiques.

Rappelez-vous qu'il s'agit d'un livre sur l'autodéfense en utilisant le judo, plutôt qu'un ouvrage portant sur les techniques classiques de judo. Nous y abordons les mouvements de base de cet art mais nous avons également incorporé des éléments issus du karaté et du jujitsu. Pour dire les choses rapidement, le jujitsu est généralement utilisé avec l'intention d'estropier ou de tuer son adversaire, et non pratiqué comme un sport. Le karaté, quant à lui, évite les prises et les projections du jujitsu et se repose sur l'efficacité de coups précis portés à des points vulnérables du corps.

J'ai commencé par décrire le judo comme un « art », et *c'en est vraiment un !* Lorsqu'on prend des leçons auprès d'un maître de judo, on ne se contente pas de se mettre en ligne puis de se donner des coups à l'aveugle. La tradition tout entière a une importance capitale : la façon de démarrer une séance, par exemple, en se saluant mutuellement de manière cérémonielle. Cela donne la sensation d'être le dernier maillon à rejoindre une chaîne très ancienne.

À la fin de votre lecture de cet ouvrage, vous devriez être prête à commencer la pratique : trouvez un club de judo et plongez. Vous allez adorer. Et lorsqu'un crâneur de deux mètres aux muscles de boxeur vous abordera avec son œil bovin et ses mains baladeuses, vous pourrez lui réserver une surprise douloureuse. Pas trop tout de même… Gardez les coups les plus sauvages pour les cas d'extrême urgence – après tout, vous ne voulez pas laisser sur votre passage une ribambelle d'os brisés, même si certains hommes le méritent.

PARTIE 1

MÉTHODES D'AUTODÉFENSE

Le judo a d'abord été une façon de se défendre contre les agressions. De nos jours, il est reconnu comme l'un des sports les plus subtils et habiles ; il reste l'une des meilleures formes d'autodéfense à mains nues.

Il est peu probable que vous soyez constamment en danger au coin de la Grand-Rue du quartier, ou que des bandes de voyous vous prennent en embuscade alors que vous traversez les routes et ruelles de votre ville. D'un autre côté, la violence est toujours présente dans nos sociétés.

Face à un adversaire qui ne s'y attend pas, une victime qui contre-attaque brusquement avec des techniques de judo a l'avantage non négligeable de la surprise et de l'« arme secrète ». N'importe quel voleur de sac à main ou voyou à la sauvette fuirait sans demander son reste. Et vous, bien sûr, êtes portée par l'assurance que vous avez les moyens de vous défendre en toutes circonstances. Avec le judo dans votre arsenal, tout est possible, d'une rixe pendant la fête du village à une dispute en bord de piscine : vous savez que vous ferez bonne impression.

Dans cette section du livre, dédiée à l'autodéfense, vous trouverez des techniques traditionnelles de judo et de karaté appliquées à des situations réalistes se référant aux vécus derrière les statistiques criminelles susmentionnées. Dans les séquences réalisées au dojo, nous avons fait attention à ce que chaque mouvement soit illustré précisément. Mais la vie quotidienne rentre rarement dans un tel cadre. Ainsi, si vous trouvez que le placement de mes pieds ne correspond pas exactement aux instructions, vous avez probablement raison. Les talons hauts ne permettent pas un jeu de pieds parfait, mais nous voulions aussi montrer que ces techniques sont efficaces, y compris dans des circonstances moins qu'idéales.

CLÉS DE BRAS SIMPLES

LA CLÉ DE POIGNET DU CYGNE

Nous connaissons tous ce blagueur qui vous serre la main puis qui refuse de lâcher et vous comprime de plus en plus les doigts pour prouver sa force... Ce qu'il lui faut, c'est une clé de poignet du cygne.
Cette technique repose entièrement sur la rapidité et le rythme : il faut être vive et ne pas hésiter pour prendre l'autre par surprise. En gros, c'est un mouvement qui fait *crac.*

Détendez complètement la main que tient votre adversaire. Déplacez votre pouce droit vers le centre du dos de sa main, puis glissez rapidement votre autre main derrière son coude tout en tournant sa main paume vers le bas.

Sans relâcher l'étau, tirez son coude vers vous en appliquant toujours une forte pression sur sa main, et en utilisant tout votre corps pour faire levier si besoin.

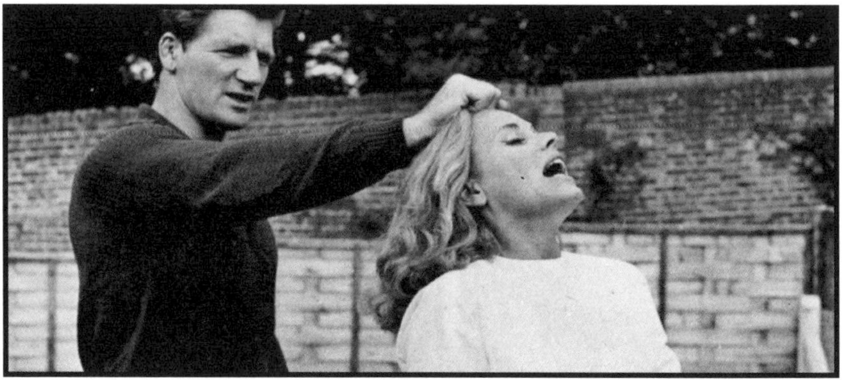

CLÉ DE POIGNET PIVOTANTE

Être attrapée par les cheveux est une expérience plutôt douloureuse et l'on décide généralement qu'il vaut mieux ne pas se débattre. Mais l'experte judoka dispose d'une défense parfaite : la clé de poignet pivotante.

Dès que vous sentez une traction sur vos cheveux, détendez tout votre corps et penchez-vous légèrement en arrière, comme si vous tanguiez.

Puis, d'un mouvement rapide, placez vos mains au-dessus de celle de votre agresseur en appuyant davantage sur votre tête.

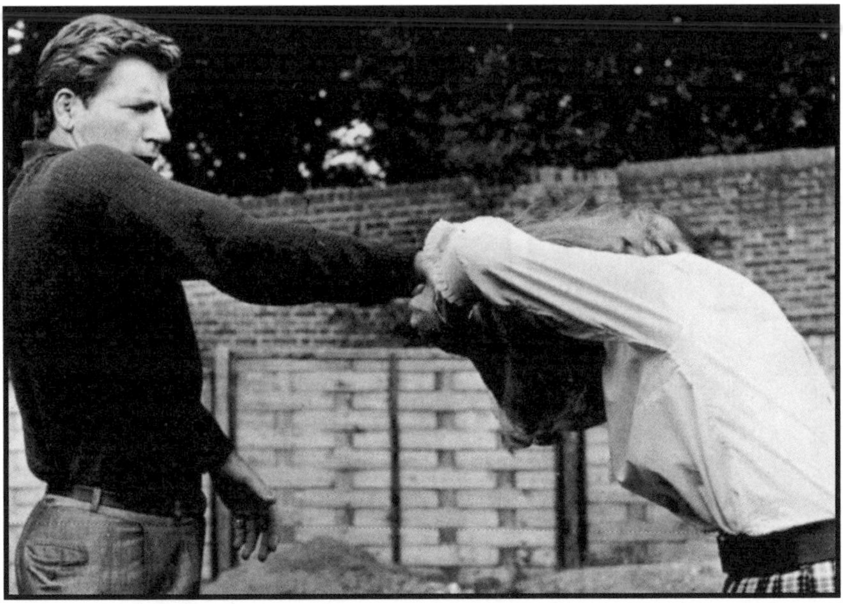

Pivotez brusquement sur votre pied gauche, reculez le pied droit et continuez à tourner sur votre axe : sa main attachée à votre tête le contraint à plier le poignet à l'envers, dans une position douloureuse. Il ne demandera pas mieux que de vous lâcher !

CLÉ DE POIGNET ET DE COUDE

Voici une bonne technique pour se défaire d'un étranglement, mais aussi pour empêcher de fuir quelqu'un qui est déjà hors d'état de nuire, par exemple un voleur. Il s'agit de la clé de poignet et de coude.

Lorsque l'on vous attrape par la gorge, détendez-vous totalement et penchez-vous en arrière, de façon à vous éloigner de votre agresseur, en courbant le dos comme si vous vouliez faire le pont. Puis, très rapidement, saisissez son poignet gauche des deux mains, en passant au-dessus de ses bras, tout en baissant votre coude gauche de manière à bloquer sa main droite. Mettez votre poids sur l'avant de vos pieds et

pivotez brusquement vers la gauche en tirant le bras que vous tenez des deux mains sous votre aisselle droite. Votre coude droit doit être au niveau du sien, et l'empêcher d'échapper à la clé de bras. Complétez le mouvement en tirant son poignet vers le haut. Assurez-vous que votre corps est engagé face au sien, que vous vous appuyez de tout votre poids sur son bras et que vous êtes toujours légèrement penchée en arrière pour faire pression.

Vous l'avez ainsi bloqué dans une position qui le met en danger de se blesser s'il tente de s'en défaire. La vitesse et la précision sont ici les pièces maîtresses de votre réussite.

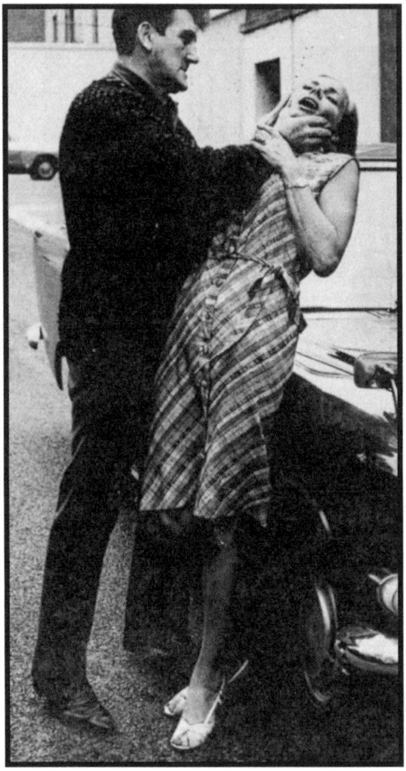

LEVIER DU POIGNET

Si vous interrompez un voleur qui tentait d'ouvrir votre voiture dans un lieu isolé, il est fort probable que, plutôt que de fuir, il décide de vous attaquer. Ainsi, si vous vous retrouvez plaquée à votre véhicule, essayez le levier du poignet.

Comme toujours au judo, ne résistez pas face à l'attaque. Penchez-vous en arrière et attrapez la main droite de l'assaillant des deux mains, en vous assurant que vos pouces se rejoignent au milieu du dos de sa main.

Faites tourner sa main vers votre gauche d'un geste sec, ce qui pliera son poignet dans une position ressemblant à la clé du cygne, la paume vers le bas. En continuant ce mouvement vif dans un geste circulaire, vous pouvez le projeter contre la voiture.

LA CLÉ D'ÉPAULE BRAS TENDU

Une attaque au couteau est plutôt rare, mais cette technique peut également servir face à une matraque, une barre en fer, une bouteille ou toute autre arme improvisée. Il s'agit de la clé d'épaule bras tendu.

L'agresseur vous attaque, tente de vous poignarder. Mettez vite votre poids sur votre pied gauche tout en lançant votre avant-bras gauche en l'air afin de contrer son coup.

Votre bras doit faire un angle droit avec le sien – cela a l'air difficile, et ce n'est certainement pas facile, mais garder son calme et rester concentrée sont les éléments essentiels pour prendre le dessus sur un adversaire armé.

En passant votre bras droit sous le sien, enroulez-le autour de son épaule. Dans le même élan, pivotez sur votre pied gauche afin de vous retrouver dos à l'assaillant. Refermez votre main gauche sur son poignet et tirez fermement vers le bas, tout en bloquant son épaule de votre autre main : il est pris au piège d'une clé de bas douloureuse qui le poussera à lâcher son arme. Assurez-vous de maintenir sa paume vers le haut en tordant son poignet vers la droite.

CLÉ DE BRAS EN LEVIER

Il y a quelque chose dans l'air estival qui fait sortir de l'ombre un certain genre de loup. Et lorsqu'on se repose dans un parc, attirer son attention peut rapidement se révéler ennuyeux. Vous lui avez demandé de vous laisser seule et, pour toute réponse, il a posé une main excessivement amicale sur votre genou ? Il ne pourra pas vous en vouloir d'avoir alors recours à une clé de bras en levier.

Gentiment, presque timidement (afin qu'il baisse sa garde), mettez votre main la plus éloignée de lui sur la sienne. Puis placez l'autre main à l'arrière de son coude.

D'un geste vif, tirez sa main vers vous le long de vos genoux, tout en mettant toute votre force dans la main qui tient son coude pour le bloquer. Utilisez le dossier du banc pour vous stabiliser et mettre davantage de pression dans votre mouvement.

Appuyez fermement sur l'articulation de son coude pour le mettre totalement hors d'état de nuire. Vous ne devriez alors plus avoir de mal à le convaincre de vous laisser tranquille.

Faites toutefois attention à ne pas vous laisser emporter : si vous utilisez toute votre force dans cette prise, vous risquez de lui casser le bras et seriez alors contrainte de lui offrir des cigarettes en attendant qu'arrive une ambulance.

PROJECTIONS SIMPLES

PROJECTION PAR LA HANCHE

Ce jeune don Juan pourrait bien avoir besoin d'un hôpital plus tôt qu'il ne s'y attendait ! S'il continue à mettre son bras autour de vos épaules alors que vous ne le souhaitez pas, surprenez-le grâce à une projection par la hanche.

Lorsqu'il s'avance vers vous pour passer son bras autour de vos épaules, mettez votre bras autour de sa taille en feignant l'affection et continuez à marcher, en vous calant si possible sur son rythme.
Lorsqu'il met son poids sur son pied droit, placez votre pied droit à l'intérieur du sien puis rapprochez l'autre pied comme sur la deuxième photographie.

En plaçant votre poids sur l'avant de vos deux pieds, lancez vos hanches contre son abdomen. Reculez votre bassin aussi brusquement que possible tout en tournant votre corps et votre tête vers la gauche. Ne le lâchez pas du bras qui tient sa taille : retenez-le fermement contre vous. Ainsi, il effectuera une sorte de galipette incontrôlée dans les airs, et atterrira au sol… ou peut-être aux urgences de l'hôpital.

ROUE ARRIÈRE PAR LE GENOU

Le reste de votre groupe a quitté la soirée et vous vous retrouvez seule au bar, lorsqu'un joyeux larron très enthousiaste essaie de vous faire quitter votre siège de manière peu subtile et un peu trop tactile. Emmenez-le faire un tour de roue arrière par le genou.

Détendez-vous et attrapez la main que cet importun a passée autour de votre taille – nous partons ici du principe qu'il est à votre gauche. Placez votre pouce au milieu du dos de sa main, au niveau des phalanges, et en enroulant vos doigts autour de son poignet. Faites un pas latéral vers la droite et reculez du pied gauche pour placer votre jambe gauche juste derrière sa jambe droite.
Pliez les genoux « à la cow-boy » pour que votre centre de gravité soit plus bas que le sien. Donnez-lui un coup de coude dans le torse tout en balançant votre corps sur la gauche.

Gainez bien votre jambe gauche pour bloquer sa jambe droite : ainsi, votre coup le fera tomber en arrière. Fin du numéro !

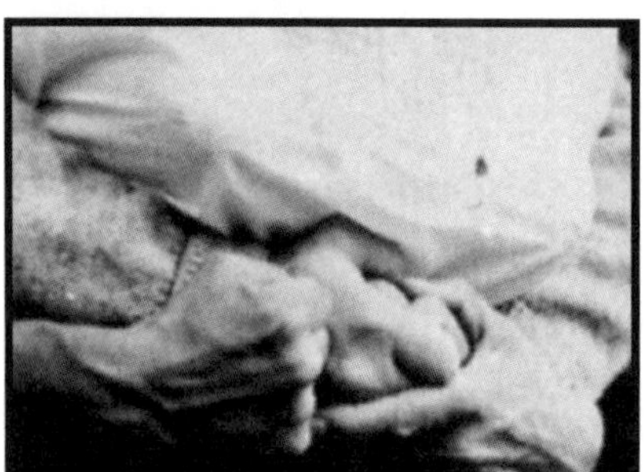

PROJECTION PAR LEVIER DE LA JAMBE

Que faire si l'on vous attrape par-derrière en vous immobilisant les bras ? La réponse est une double action : d'abord, libérez-vous ; ensuite, occupez-vous de votre agresseur. Une projection par levier de la jambe vous permet d'accomplir cela.

Dans un premier temps, détendez-vous totalement dans les bras de votre assaillant, feignant d'apprécier le moment. Voilà qui devrait le décontenancer. Puis, de votre poing droit serré, appuyez fortement sur le dos de sa main avec vos phalanges. Cela devrait le pousser à vous lâcher ou, au moins, à desserrer sa prise. En reculant brusquement les hanches contre son corps, faites un pas latéral du pied gauche, de sorte que vos jambes se retrouvent de part et d'autre de sa jambe gauche. Attrapez sa cheville gauche des deux mains et soulevez-la d'un coup vif en mettant tout votre poids sur son genou. Tirez vers le haut. La découverte que vous ferez alors est intéressante : vous pourrez mettre à terre votre adversaire sans beaucoup plus d'effort.

CROCHE-PATTES AVEC CLÉ DE MAIN

Même dans l'atmosphère joyeuse d'une soirée dansante, vous pouvez croiser la route d'un trublion. Certaines des bagarres les plus marquantes ont commencé ainsi. Si vous vous retrouvez mêlée à une altercation sur la piste de danse, le croche-pattes avec clé de main peut se révéler utile.

Si l'assaillant vous attrape, détendez-vous totalement et observez-le comme si vous le trouviez fascinant.

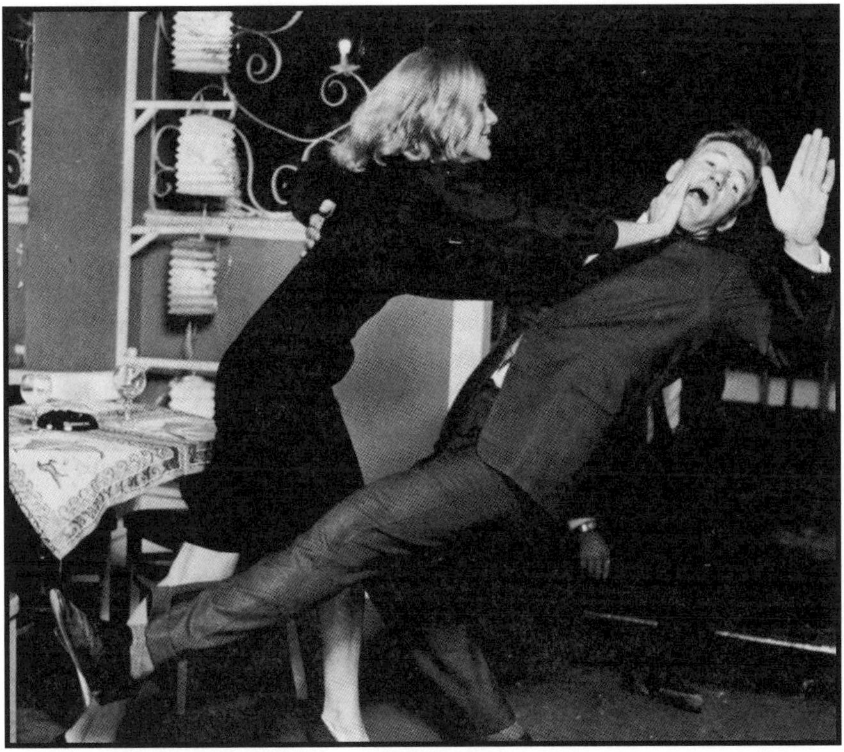

Puis enroulez votre jambe droite autour de sa jambe gauche par l'intérieur, et reculez le pied. En même temps, repoussez sa tête en plaçant la paume de votre main sur sa mâchoire. Réalisé rapidement et de manière fluide, cet enchaînement devrait faire atterrir votre adversaire sur les fesses, et il se mordra les doigts de s'en être pris à vous.

PROJECTION CROISÉE

Quand un inconnu vous approche par-derrière et vous attrape par la gorge, il est assez évident qu'il ne vous veut pas du bien. Alors répliquez – vite – avec une projection croisée.

Ne tentez pas de vous extirper de son étranglement ; détendez-vous et reculez pour diminuer la pression qu'il exerce sur votre trachée.

Attrapez ensuite ses deux poignets et faites demi-tour sur l'axe de votre pied droit, vers la gauche, en soulevant le bras droit de votre adversaire. Tirez son bras gauche sous son bras droit et accélérez le mouvement pour lui faire croiser les bras. Cela le déséquilibre vers l'avant : profitez-en pour mettre toute la force de votre corps dans le fait de le lancer en l'air.
Sa tête approchant rapidement le sol le découragera d'insister.

PROJECTION PAR LEVIER DES DEUX JAMBES

Voici une bonne technique pour convaincre un dragueur qui refuse de vous laisser bronzer tranquillement sur la plage. S'il devient vraiment fatigant, faites-le littéralement voler à l'aide de cette projection par levier des deux jambes.

Mettez-vous sur votre côté droit (ce mouvement peut bien sûr également être effectué de l'autre côté) et pliez légèrement les jambes. Lorsque l'importun est à portée, crochetez rapidement votre pied droit derrière sa cheville gauche et placez votre pied gauche sur sa rotule gauche.
Tirez brusquement du pied droit et poussez simultanément sur sa rotule avec toute votre force : il atterrira sur les fesses. S'il résiste, vous risquez de lui casser le genou, donc n'utilisez pas cette technique sur quelqu'un avec qui vous aviez l'intention de danser plus tard dans la journée.

PROJECTION PAR L'ESTOMAC

On peut rencontrer des dangers inattendus pendant une balade dans un parc… de l'inconnu un peu trop aimable qui insiste pour faire la conversation au voyou professionnel qui se prend d'intérêt pour votre collier ou votre sac à main. Face à l'un ou l'autre de ces importuns, vous pouvez compter sur la projection par l'estomac.

Attrapez sa manche droite de la main gauche, et son col de la main droite.
En même temps, levez votre jambe droite aussi haut que possible afin de planter votre pied dans son abdomen avec autant de force et de vitesse que possible. Rien que cela a déjà un effet déconcertant ! Il est alors déséquilibré.
Vous êtes désormais en position pour le pousser brutalement du pied. En même temps que vous poussez sur son ventre, glissez au sol en vous plaçant entre les deux jambes de votre adversaire, jambe gauche en avant, en tirant avantage de sa surprise. Cela vous positionnera juste en dessous de lui et finira de briser son équilibre.

Tirez fort des deux mains vers le bas, et poussez du pied droit vers le haut : le mouvement dirige sa tête vers le sol. Il est entraîné dans une roulade aérienne et atterrit sur le dos, probablement découragé à l'idée d'à nouveau vous approcher, vous ou vos possessions !

Note : attendez d'être au sol, les omoplates à plat, pour lancer votre pied vers le haut. C'est à ce moment que l'autre est déséquilibré. Au cours de la réalisation de ce mouvement, assurez-vous également de courber l'échine à la manière d'un chat, comme expliqué page 82, et de rouler de vos hanches à vos épaules. C'est important pour ne pas vous blesser la colonne vertébrale.

CLÉS DE BRAS AVANCÉES

CLÉ DE BRAS INVERSÉE

Voici comment faire face à une situation vraiment dangereuse : si un voyou en col blanc a déjà mis à terre votre compagnon et fait mine de s'en prendre à vous, réagissez immédiatement et faites-lui une clé de bras inversée.

Levez le bras gauche de manière qu'il soit à angle droit par rapport au bras droit de votre assaillant, puis lancez votre bras droit sous le sien de manière à l'entourer. Attrapez votre main gauche de la main droite et serrez fort, ainsi que vos coudes. Grâce à cette prise, tirez le bras de l'importun vers le bas tout en plaçant votre jambe droite derrière la sienne : cela le contraint à plier la jambe et le fait chuter vers l'arrière.
Cette combinaison de mouvements est très efficace et peut sérieusement blesser son épaule.

CLÉ DE BRAS DE JUJITSU

Voici une bonne manière de se débarrasser d'un fêtard chahuteur ou d'une personne qui s'est invitée à votre soirée sans votre consentement et refuse de partir.

Attrapez le poignet droit de cette personne de votre main droite et pivotez sur votre pied droit de manière à vous placer comme sur la première photographie. Balancez votre bras gauche sous son aisselle droite pour placer votre main sur sa nuque.
D'une traction rapide, tirez son bras droit vers votre droite, au niveau de vos épaules, tout en appuyant sur sa nuque pour le forcer à baisser la tête. Vous pouvez alors l'emmener où vous le souhaitez ou, avec un peu plus de force, le pousser au sol.

PROJECTIONS AVANCÉES

PROJECTION PAR L'ÉPAULE

Que faire si quelqu'un essaie d'attraper votre sac à main ou, si vous êtes un homme, votre attaché-case rempli de documents importants ? Vous pourriez essayer la projection par l'épaule.

Puisque nous sommes ici dans le cadre d'une attaque surprise, à laquelle vous ne vous attendiez pas, une détente immédiate et une extrême vitesse sont déterminantes. Votre réaction face à l'assaut doit avoir la puissance d'un ressort que l'on relâche.

Lorsque vous sentez qu'on agrippe votre sac, levez la main gauche pour saisir le poignet droit du voleur et tirez son bras en travers de votre corps, vers votre hanche gauche. En même temps, passez votre bras droit sous le sien de manière à l'encercler, et attrapez son bras de la main droite. Reculez votre jambe droite jusqu'à ce qu'elle soit contre la jambe droite de l'agresseur.

En tournant vers la gauche et en vous baissant vivement, tirez sur son bras en le gardant calé contre vous. Cela l'enverra au sol. Si vous ajoutez un coup en arrière de la jambe droite sur sa jambe droite, comme un effet de ressort, cela augmentera la vitesse de sa chute.

Cette combinaison de mouvements est très efficace et peut sérieusement blesser son épaule.

CLÉ DE BRAS CROISÉE ET RENVERSEMENT DU CORPS

Se retrouver coincée, le bras tordu dans le dos par une clé de bras classique, c'est à la fois agaçant et douloureux. Mais vous pouvez retourner la situation à votre avantage en combinant une clé de bras croisée et un renversement du corps.

Reculez jusqu'à vous retrouver contre l'agresseur, détendez-vous et mettez votre poids sur votre pied droit en vous stabilisant bien.
Lancez votre bras gauche vers le haut et faites-le passer au-dessus de son bras droit, puis attrapez son poignet gauche de votre main gauche.

L'importun est immobilisé. Écartez votre pied gauche afin que votre jambe bloque les siennes. Pivotez brusquement vers la droite en appliquant autant de pression que possible sur son bras droit, et il se retrouvera catapulté au sol.

PROJECTION CROISÉE PAR LE BRAS

Si quelqu'un vous approche dans la rue et vous prend par le bras afin de vous diriger où il le souhaite, ne sautez pas directement aux conclusions : ce pourrait être un ami. Continuez de marcher pendant que vous observez le nouvel arrivant ; vous pouvez en profiter pour vous caler sur son rythme. Cela vous détendra afin d'être prête à l'action, tout en offrant l'illusion que vous n'êtes qu'une petite femme faible. Puis, si vous décidez qu'il n'est vraiment pas votre type, utilisez une projection croisée par le bras.

S'il vous tient le bras gauche, posez fermement votre main droite sur sa main droite et soulevez son bras. Glissez votre bras gauche de manière à entourer son bras droit et accrochez-vous à votre propre avant-bras droit. Pivotez rapidement sur le devant de vos pieds vers votre adversaire : il est désormais prisonnier de votre clé de bras.

Pour vous assurer qu'il ne vous suive plus jamais, placez votre jambe droite, légèrement pliée, derrière sa jambe droite, et mettez tout votre poids en avant tout en tirant son bras vers le bas. En même temps, tendez votre jambe droite, le plus vite et le plus fermement possible. Il tombera alors au sol, et l'impact peut être impressionnant.

PROJECTION PAR L'INTÉRIEUR DE LA JAMBE

Si vous vous retrouviez plaquée à la rambarde d'un escalier dans un endroit isolé, vous risqueriez de vous sentir désarmée… à moins de connaître la technique de projection par l'intérieur de la jambe.

Détendez-vous contre la rambarde : cet appui constitue la base pour tout le mouvement. Appuyez-vous contre votre agresseur tout en repoussant la rambarde de la main gauche. Simultanément, frappez-le du tranchant de la main droite, paume face à lui, doigts serrés et tendus : visez le nez par en

dessous. Poussez sa tête en arrière avec la pression ainsi exercée. En même temps, enroulez votre jambe droite autour de sa jambe gauche, par l'intérieur. D'un mouvement rapide, fauchez alors sa jambe de dessous lui ; pour donner de l'élan au mouvement, lancez votre corps vers l'avant.

Note : soyez certaine que la situation est désespérée avant d'utiliser cette technique. Un coup trop puissant au nez peut se révéler fatal. Et, de toute façon, être jeté dans un escalier ne peut être sans danger.

PROJECTION LATÉRALE PAR LE GENOU

Qu'il s'agisse d'une tentative de drague non désirée ou d'une attaque plus dangereuse, la projection latérale par le genou est une solution efficace à la situation illustrée ici.

Allongée par terre, tendez le bras gauche pour attraper la manche droite de l'importun. Agrippez le tissu de sa chemise ou de sa veste et appuyez-vous sur son avant-bras.
D'un geste vif, frappez-le dans la cuisse ou dans l'abdomen de votre mollet droit, de manière que ses deux jambes soient à votre droite ; ce faisant, tirez violemment son bras vers vous. Puis, en prenant appui du mollet sur son corps, jetez-vous sur votre gauche de toute votre force. Si le mouvement est réalisé à la bonne vitesse, il se retrouvera projeté sur le dos.

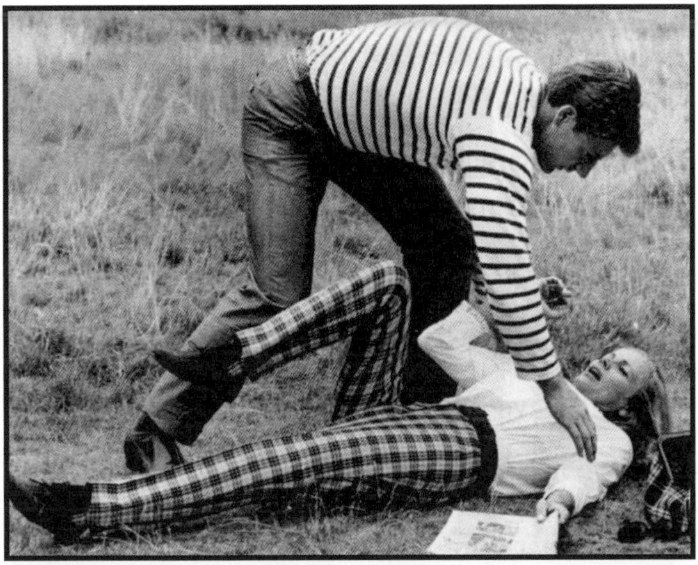

PROJECTION À GENOUX

Un fâcheux vous prend par surprise et vous étrangle par-derrière ? Restez calme et vous n'aurez aucun problème à vous en sortir à l'aide d'une projection à genoux.

Penchez-vous légèrement en arrière, de façon à faire reposer votre poids sur votre agresseur. Attrapez son bras, en dessous du coude de la main droite et au niveau du poignet de la main gauche. Glissez votre jambe droite contre l'extérieur de sa jambe droite et, dans le même geste, agenouillez-vous, tout en tirant brusquement son bras vers le bas, à travers vous. D'un coup de hanche aussi puissant que possible, poussez sa jambe droite.

Aidée par le poids de votre corps, que vous mettrez en avant, l'action combinée de la traction sur son bras et de l'éjection de sa jambe par vos hanches déséquilibrera totalement votre adversaire. Cela vous donnera tout le temps dont vous aurez besoin pour fuir ; à moins que vous ne préfériez lui faire face, selon votre progression dans l'apprentissage de l'autodéfense.

RENVERSEMENT DU CORPS PAR LA HANCHE

Il existe une chanson célèbre qui fait les louanges d'un lieu vide de toute âme, « sauf toi et moi »... mais cette situation n'a généralement pas sa place dans ce genre de conte ! Si votre route croise celle d'un Roméo imbibé qui insiste pour que vous fassiez plus ample connaissance, n'hésitez pas à le décourager définitivement à l'aide d'un renversement du corps par la hanche.

Il vous tient entre ses sales pattes, vous a même déséquilibrée en vous penchant en arrière. Détendez tout votre corps comme si l'expérience vous était agréable. Il en sera d'autant plus surpris. Encerclez fermement sa taille de votre bras droit et attrapez sa manche de votre main gauche. Pivotez

brusquement vers la gauche en mettant votre poids sur l'avant de votre pied gauche : cela vous permet de déplacer votre jambe droite pour la positionner devant sa jambe droite de manière à la bloquer. En tournant tout votre corps vers la gauche d'un mouvement vif, tirez sur son bras de la main gauche. Donnez un coup de hanche dans son abdomen en gardant votre jambe droite aussi stable que possible.

Son équilibre ainsi brisé, il s'écrasera par terre, de même que sa dignité et son ardeur.

PROJECTION PAR LE POIGNET

Vous marchez dans une rue calme quand soudain, sans prévenir, quelqu'un vous attrape la taille par-derrière. Bien sûr, si vous êtes munie d'un parapluie, vous pourriez lui en donner un coup sur les phalanges ; mais si vous êtes aussi désarmée que prise par surprise, une projection par le poignet sera plus appropriée.

Détendez-vous et appuyez-vous sur l'agresseur avant d'attraper sa main droite de la vôtre. Votre pouce doit être au centre du dos de sa main, et vos doigts dans sa paume. En même temps, faites un pas sur la droite en mettant votre poids sur l'avant de votre pied, et tournez vite vers la droite. Emmenez sa main vers le haut en l'éloignant de vous. Vous devriez alors vous retrouver derrière lui.

Attrapez tout de suite son coude de votre main gauche et poussez-le vers le sol de manière à tordre son poignet, toujours prisonnier de votre main droite, d'un mouvement continu. Cela le projettera très efficacement par terre.

KARATÉ

COUP DE PIED AU TIBIA

Vous vous retrouvez face à l'un de ces imbéciles déterminés à prouver qu'ils sont les plus forts ? Votre meilleure défense sera un coup de pied au tibia.

Ce prétendu Tarzan vous a attrapée par les poignets. La première chose à faire est de détendre vos bras. Poussez alors vos mains vers le bas pour desserrer sa prise sur vos poignets. Rapprochez vos mains, vos paumes se faisant face ; puis effectuez un mouvement sec vers le haut, en visant ses pouces, afin qu'il vous lâche. Mettez tout votre poids sur votre pied gauche et, de l'intérieur du pied droit, frappez son mollet droit aussi fort que possible, d'un mouvement souple et latéral.
Alors, c'est qui le roi de la jungle ?

COMBINAISON DE COUPS DE KARATÉ

Cet enchaînement est un parfait exemple de l'efficacité du type de contre-attaque qui sera présenté aux pages 101 et 102.

Votre avant-bras gauche a bloqué le coup de poing de votre adversaire. Levez la main droite, tendue et doigts serrés, et donnez un coup tranchant dans le creux de son coude. Puis relevez la main pour lui assener un autre coup tranchant au niveau de sa carotide, sur le côté de son cou.
Il ne peut plus utiliser son bras, et pourrait même s'évanouir.

Important : lorsque vous travaillez cette forme d'autodéfense, cherchez la vitesse plutôt que la puissance. Et faites attention à ne pas faire trop mal à votre compagnon d'entraînement.

COUP DE POING À LA CAROTIDE ET COUP DE PIED AU GENOU

Si d'aventure vous vous retrouviez plaquée contre un mur par quelqu'un de clairement agressif, une solution pour s'extirper rapidement de la situation serait l'enchaînement d'un coup de poing à la carotide et d'un coup de pied au genou.

Détendez-vous contre le mur : il vous aidera en constituant un parfait levier.

D'un rapide mouvement, glissez votre avant-bras droit contre l'intérieur de l'avant-bras gauche de votre adversaire. Poussez son bras vers le haut pour l'éloigner de vous. En même temps, baissez son bras droit de votre main gauche en l'attrapant

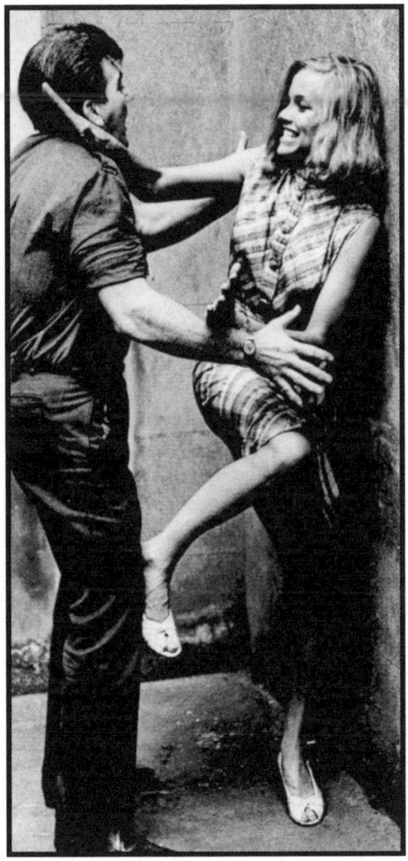

vers le coude. Puis, à la vitesse de l'éclair, placez votre main droite à côté de votre oreille gauche : le parfait point de départ pour lui assener un coup tranchant au niveau de la carotide. Frappez de toute votre force, les doigts et le pouce tendus et serrés de manière que votre main agisse comme une lame. Presque simultanément, levez le genou droit à la hauteur de l'abdomen de votre assaillant et, de l'extérieur du pied droit, frappez sa rotule d'un mouvement descendant.

Vous pouvez alors l'abandonner là, ou lui proposer votre aide pour se relever… tout dépend de votre état d'esprit au début de l'altercation.

COUP DE PIED À L'ABDOMEN EN CAS DE DOUBLE ATTAQUE

Même si c'est moi qui suis, ici, en position défensive, il est rare que deux hommes s'en prennent à une femme. Mais les bagarres à deux contre un ne sont pas inhabituelles. Voici comment s'en sortir si l'on se retrouve au milieu de deux voyous : le coup de pied à l'abdomen en cas de double attaque.

Le premier agresseur vous tient par le cou : ne résistez pas à cette clé de bras. Détendez-vous et utilisez l'assaillant comme support pour rebondir, afin de donner plus de puissance à votre coup de pied.
Prenez donc de l'élan en vous reposant sur le premier homme et donnez un coup sec dans l'abdomen du second. Aucune importance si vous ne visez pas parfaitement : votre pied aura un impact. Mais ne frappez pas tant que votre cible n'est pas à portée ! Vous lui donneriez alors tout le temps de s'y préparer.

Une fois débarrassée de ce deuxième importun et sans attendre, reculez la jambe, derrière celles de votre étrangleur. Tombez à genoux en tirant le bras qui vous étrangle dans votre mouvement : cela déséquilibrera l'agresseur. Puis, d'un mouvement sec des hanches contre ses genoux, envoyez-le en avant. Pour que l'enchaînement fonctionne, les actions doivent être parfaitement rythmées, et la seconde devenir un réflexe à la suite de la première.

PARTIE 2

LES TECHNIQUES DE BASE

La plupart des gens pensent que le judo est japonais, mais sa forme initiale a été inventée en Chine antique par des lamas, des moines tibétains, afin de se défendre face aux voleurs et aux bandits.

Quand, au milieu du XVIIe siècle, des voyageurs japonais sont revenus chez eux avec la description de cette ingénieuse méthode d'autodéfense pratiquée par les moines, les nouvelles techniques ont rapidement été combinées avec une forme préexistante de combat traditionnel à mains nues pratiquée par la caste guerrière de la noblesse japonaise, les samouraïs.

Il s'agissait du jujitsu. Il était l'apanage de l'aristocratie – et lui donnait des moyens dévastateurs pour réprimer toute rébellion paysanne. Pendant des siècles, son enseignement se pratiquait en secret, tant et si bien que peu d'étudiants maîtrisaient totalement ces techniques retorses. Ce n'est qu'avec la disparition du féodalisme japonais que le jujitsu a commencé à se répandre à travers les écoles et les gymnases du pays, jusqu'à devenir un sport national.

En 1882, Jigorō Kanō fonda le Kōdōkan à Tokyo. Dans ce dojo, en choisissant le meilleur des centaines de variétés de jujitsu existantes, Kanō développa ce qu'il baptisa « judo » et en introduisit le style moderne. Le judoka lui-même devint célèbre grâce à cet art : il fut le premier membre asiatique du Comité olympique et intégra même la Chambre des pairs du Japon.

Petit à petit, la police et l'armée japonaises commencèrent à apprendre le judo durant leur formation ; sous une forme modifiée, c'est également devenu une partie inévitable des entraînements de base des forces armées occidentales lors de la Seconde Guerre mondiale.

Pour les Japonais, le judo est bien plus qu'une forme d'exercice louable : c'est une extension de leur philosophie, de leur religion. La maîtrise de ses aspects physiques n'est qu'une étape dans la recherche d'une concentration et d'un contrôle complets du mental. La dimension rituelle est primordiale.

L'application philosophique du judo peut également fasciner les Occidentaux : plus d'un étudiant, ayant ouvert un livre sur l'histoire du judo avec la seule intention de le feuilleter, s'est mis presque malgré lui à étudier de près le sujet.

Le judo a été introduit en Grande-Bretagne par deux Japonais au début du XXe siècle. L'un, Gunji Koizumi, se fit connaître en tant que professeur ; l'autre, Yukio Tani, faisait à la même période le tour des salles de spectacle du pays. Sa représentation consistait en une démonstration de judo au cours de laquelle il défiait au combat, et battait à plate couture, quiconque se portait volontaire. Il gagna contre de nombreux profils, des catcheurs aux agriculteurs à la musculature développée ; lui-même mesurait 1 m 55 et pesait à peine 60 kg.

C'est cette preuve évidente du pouvoir du judo qui suscita l'intérêt général.

Depuis, la suprématie japonaise dans la pratique de cet art n'est plus une évidence : les champions occidentaux sont aussi nombreux que les Japonais et, à l'heure où j'écris ces mots[1], le champion du monde est hollandais.

1. En 1965 (note de l'éditeur).

Bien que ma rencontre avec le judo soit relativement récente, j'y ai déjà trouvé une source de stimulation enrichissante dans ma vie.

Au cours de la préparation de ce livre, j'ai fait don de mon enthousiasme sans limites et de mes compétences… bien plus limitées. Je ne prétends en rien être une experte : je ne suis qu'une amatrice décidée à répandre la bonne parole.

Pour la base technique du livre, je me suis reposée sur les experts. Ainsi, nous avons associé des éléments théoriques fiables à une démonstration pratique, de façon à aider au mieux les débutantes motivées.

Le mot « judo » peut être traduit par « esprit de l'adaptation » ; une description adéquate, puisqu'il s'agit intrinsèquement d'une forme de combat où la force et la taille de son adversaire, loin d'être automatiquement des avantages, sont retournées contre lui.

La technique qui consiste à faire croire que l'on est en train de perdre pour déséquilibrer son adversaire, puis à utiliser sa connaissance de l'anatomie et du fonctionnement de l'effet de levier afin de prendre le dessus permet de surprendre les plus puissants des adversaires qui ne connaissent pas le judo. Cela requiert toutefois d'étudier attentivement et de beaucoup s'entraîner afin d'utiliser les différents mouvements à leur plein potentiel.

La vitesse, le rythme et la précision sont déterminants dans le judo : il ne s'agit jamais d'opposer la force à la force. L'idée est de mettre son adversaire hors d'état de nuire avec le minimum d'effort et de prise de risque. Les moyens d'y parvenir se répartissent en trois groupes : les projections ; les clés, qui empêchent l'adversaire de bouger ou de résister sans se blesser ; les coups qui, portés à des points névralgiques, le rendent temporairement impuissant (voire inconscient).

Les judokas portent le judogi, une tenue constituée d'une veste en toile blanche, lâche, et d'un pantalon de lin. Le progrès d'un judoka est signifié par la couleur de sa ceinture : les débutants portent une ceinture blanche ; au fil de leur progression, ils passent par le jaune, l'orange, le vert, le bleu, le marron et, enfin, le noir. Une idée économique, car la même ceinture peut être teinte à chaque fois que le rang de l'élève augmente.

Au-dessus des ceintures noires se trouvent dix grades, appelés « dans » ; aucun Américain n'a jusqu'ici dépassé le septième.

Pour pratiquer chez vous, il vous faudra un tapis de sol. Vous pouvez acheter un tatami ou improviser en superposant trois ou quatre couches de feutre et une couverture sur une surface qui ne glisse pas.

En judo, la réussite repose sur une coordination fluide, un esprit vif et des réflexes rapides, alliés à une connaissance de la position des nerfs, des muscles et des organes. Il est déjà arrivé qu'un débutant parvienne à obtenir sa ceinture noire en dix-huit mois, mais cela prend généralement plus longtemps. Je n'y suis pas tout à fait moi-même : il faut dire qu'interrompre mon entraînement tous les trois mois pour le tournage d'un film n'est pas un rythme idéal !

Le judo est l'une des meilleures formes d'entraînement physique qui existent. Dans une situation dangereuse, il peut être utilisé comme moyen de défense. L'élève doit donc connaître précisément la puissance des différents coups, projections et prises. Une démonstration de force irresponsable peut se terminer avec des os brisés, des muscles et des ligaments gravement blessés, voire la mort.

La technique la plus importante est la maîtrise de la chute. La méthode enseignée par le judo permet de tomber en réduisant autant que possible la force et l'effet de la projection : il s'agit de heurter le sol du pied ou de la main avec un rythme rapide avant que le corps ne suive. C'est le mouvement de base qui rend tout le reste possible : si vous vous inquiétez d'être lancée à travers le dojo, vous n'arriverez jamais à acquérir la concentration et la détente du bon judoka.

Aujourd'hui encore, les méthodes d'enseignement varient de dojo en dojo ; de nombreux professeurs utilisent toujours les noms traditionnels japonais des mouvements.

Puisque ce livre parle d'autodéfense inspirée par le judo, et qu'il ne prétend en aucun cas être un manuel sur le judo en tant que tel, nous avons visé la simplicité. Pour aider les débutantes n'ayant aucune connaissance préalable sur le sujet, nous avons utilisé les noms occidentaux des mouvements et les avons décrits de la manière la plus claire possible.

En partant de mon expérience personnelle, j'ai choisi des projections de judo qui sont particulièrement utiles dans le cadre de l'autodéfense, et je n'ai abordé les tactiques offensives qu'en dernier ressort.

Le livre est divisé en deux parties : la première aborde des techniques extrêmement utiles mais relativement complexes, qui peuvent se révéler dangereuses pour l'adversaire comme pour vous-même si elles sont réalisées sans certains acquis préalables.

Heureusement, y parvenir n'est ni difficile ni contraignant, puisqu'il y a des clubs de judo dans le monde entier ; j'estime que, en s'y mettant sérieusement, n'importe qui peut atteindre le niveau nécessaire en six semaines.

J'insiste sur le fait que, avant de s'attaquer aux techniques présentées au début de cet ouvrage, il faut maîtriser les techniques de base décrites ensuite : la posture, l'équilibre, la chute, etc.

J'ai effectué des démonstrations pour ces dernières dans la seconde partie du livre, avec l'aide des Robinson.

Le judo est un sujet subtil et profond. Je sais que nous n'en avons que frôlé la surface. Mais, ce faisant, j'espère avoir suffisamment éveillé votre intérêt pour que vous alliez vous renseigner ailleurs.

LA POSTURE

La position de base du judo est celle d'une relaxation naturelle : on se tient droit, les bras détendus le long du corps, les pieds écartés d'environ quarante-cinq centimètres. Le poids doit être réparti sur la plante des pieds, les genoux et le pelvis légèrement en avant pour garder un bon équilibre.

Lorsqu'on attaque ou que l'on se défend, vous remarquerez que l'on adopte instinctivement une position légèrement ramassée, le dos un peu rond, les genoux pliés et les bras levés, un peu comme si l'on pratiquait une danse de salon.

Dès l'instant où vous posez un orteil sur un tatami, il est impératif de ne pas lâcher votre adversaire du regard. C'est l'une des raisons pour lesquelles existe le salut rituel au début et à la fin de tout combat d'entraînement ou de compétition : cela signifie que vous êtes tous les deux prêts à l'action.

L'ÉCHAUFFEMENT

Il est vital de faire une série d'exercices pour s'échauffer avant d'entamer une session de judo, ainsi qu'à la fin pour que le corps refroidisse de façon progressive.

Se lancer directement dans les mouvements exigeants du judo sans cette préparation représente un risque de froisser ou blesser ses muscles. Une douche brûlante ne suffit pas non plus : l'eau chaude réveille peut-être la peau, mais les muscles n'en sont pas plus flexibles.

L'échauffement devrait prendre cinq à dix minutes au début et à la fin d'une séance. Il est généralement constitué d'étirements et d'exercices de renforcement musculaire, dont nous donnons ici quelques exemples.

Nous allons illustrer ces mouvements et suggérons pour chacun d'entre eux un nombre de répétitions. Notez qu'il faut viser cette quantité en augmentant petit à petit. Ne vous forcez *jamais* à aller plus loin dans un exercice si votre corps n'en est pas capable avec aisance. Travaillez régulièrement, en vous adaptant à vos capacités. Nous conseillons de commencer par trois ou quatre répétitions, jusqu'à ce que vos muscles soient suffisamment forts.

LE SQUAT

En gardant le dos et la tête droits, les pieds légèrement écartés, bien à plat et ancrés dans le sol, pliez les jambes jusqu'à vous retrouver en position accroupie. *Ne soulevez pas* les talons en vous baissant. Commencez par trois séries de cinq répétitions la première semaine, séparées par un court moment de repos, et augmentez jusqu'à atteindre vingt répétitions par série.

LA TORSION DU BUSTE

Debout, engagez fermement le bassin et les jambes, qui doivent rester immobiles. Pivotez latéralement le buste, bras pliés à l'horizontale, aussi loin que possible, de gauche à droite. Le but de cet exercice est d'étirer les muscles de votre buste. Pour que le mouvement soit le plus efficace possible, il faut que vos jambes et votre bassin restent droits. Commencez par dix répétitions et augmentez jusqu'à quarante ou cinquante.

L'ÉTIREMENT DU BASSIN

Visez trois séries de vingt répétitions avec repos court entre chaque série. Cet étirement est un exercice assez inhabituel : allongez-vous face contre terre puis soulevez-vous sur vos bras et vos orteils, comme pour faire la planche. Trouvez un équilibre tranquille sur le devant de votre voûte plantaire. Ensuite, tendez la jambe droite entre votre jambe gauche et le tapis de sol ; étirez votre jambe à une quarantaine de centimètres de votre jambe gauche, en enroulant autant que possible votre corps sur lui-même. Répétez le mouvement de l'autre côté et enchaînez comme si vous « marchiez » sur place, en gardant les bras tendus et gainés, et les mains à plat sur le sol.

LE JACKKNIFE SIT-UP

Visez trois séries de huit répétitions avec repos court entre chaque série. Il s'agit d'un exercice éprouvant. Allongez-vous sur le dos, les jambes tendues et les bras de part et d'autre de votre corps. Puis soulevez vos jambes et votre buste, en douceur et simultanément, pour qu'ils se rejoignent dans les airs : vous vous retrouvez alors en équilibre sur vos fesses. Aussi délicatement, reprenez la position allongée.

LA ROTATION DES HANCHES

Visez trois séries de dix répétitions. Allongée sur le dos, les bras tendus à plat sur le sol, au-dessus de votre tête, levez vos genoux autant qu'il vous est possible. En les gardant serrés, balancez-les de gauche à droite, en essayant de toucher le sol à chaque fois. Il faut garder les genoux aussi près de votre torse que possible, et le buste à plat sur le sol, afin que la rotation du bassin étire le bas du dos autant que possible.

Sur l'illustration, je fais la démonstration de deux des défauts les plus communs lors de cet exercice : mes genoux ne sont pas assez pliés, et trop loin l'un de l'autre. Rappelez-vous de les garder serrés et hauts !

LE BRISE-CHUTE

L'art du brise-chute est probablement le plus important du judo. Impossible de devenir un bon judoka sans le maîtriser, car tenter une projection revient à prendre le risque de se faire soi-même projeter et la crainte de mal tomber vous empêchera alors de progresser. Il faut apprendre à chuter avant d'appréhender d'autres mouvements et techniques.

L'élément-clé de la chute maîtrisée est la détente. Si vous vous entraînez chez vous et que vous n'avez pas de tatami, assurez-vous d'être sur un tapis épais.

Le premier apprentissage de l'art du brise-chute est la frappe. Allongée sur le dos, pliez les jambes et levez les mains, bras tendus, jusqu'à ce qu'elles soient directement alignées avec vos épaules. Puis relâchez brusquement vos bras vers le sol pour le frapper. Vos mains, doigts tendus, doivent être perpendiculaires à votre corps. Les bras quant à eux sont légèrement courbés pour permettre un geste souple et rapide comme un fouet lorsque vous frappez le sol.

Asseyez-vous par terre. Roulez en arrière en gardant le menton collé à votre poitrine. Prenez soin de garder la colonne vertébrale arrondie, à la manière d'un chat. Depuis cette position, vous êtes prête à enchaîner avec la frappe. Dès que vous vous sentirez confiante et à l'aise dans ce geste, vous serez prête pour le vrai exercice.

Accroupissez-vous en prenant appui sur vos hanches et en mettant tout votre poids dans la partie avant de vos pieds. Il ne faut jamais se *jeter* à terre : rappelez-vous que cet exercice vous prépare à une chute involontaire. Le menton toujours collé à votre poitrine, laissez vos hanches tomber aussi près de vos pieds que possible. Puis roulez en arrière et, en même temps, frappez le sol des deux mains. Il faut frapper le sol *avant* que votre corps ne le touche. Cela évite l'inconfort et les blessures, car la frappe des mains absorbe le choc de la chute.

LE BRISE-CHUTE À UNE MAIN

Depuis la position de squat, laissez tomber vos hanches sur vos talons, ce qui entraîne une chute en arrière. Frappez le tatami de votre main droite avant que votre épaule ne touche le sol, en vous assurant que votre tête ne touche le sol à aucun moment, pour la protéger.

Je ne répéterai jamais assez qu'il *faut* se détendre lors d'une chute en arrière ; sur ce mouvement en particulier, il est également utile, pour adoucir le choc de l'impact, de lever le genou droit vers le buste, de manière à plier son corps dans la direction du brise-chute.

Il est évidemment possible de chuter à une main du côté gauche également, ainsi que directement vers l'arrière en utilisant les deux mains. Dans ce dernier cas, laissez vos jambes rouler et aller vers le haut pour courber l'échine, comme expliqué précédemment.

LE BRISE-CHUTE EN ROULADE AVANT

En position debout, faites un pas en avant du pied gauche. Placez vos mains par terre, doigts écartés, et levez la jambe droite en arrière. Cela vous fait pencher de sorte que votre poids se retrouve sur votre jambe gauche. Positionnez votre tête entre vos bras et penchez-vous jusqu'à ce qu'elle soit à environ quinze centimètres du sol ; vous pouvez alors baisser vos épaules jusqu'au tatami. En même temps, poussez du pied gauche. Cela amorce une roulade. Pliez vos jambes sous votre buste pour que, une fois la roulade réalisée, vos pieds soient placés de manière à vous permettre de vous redresser. En travaillant ce mouvement, faites attention à ne pas tomber sur votre tête, au risque de vous blesser la colonne vertébrale. Ce conseil peut sembler évident mais il n'est jamais inutile de le répéter. Avant de vous lancer dans la réalisation d'un mouvement, vérifiez que vous avez compris chaque étape des instructions. Il est moins douloureux de découvrir un oubli avant de tomber par terre !
Quand vous aurez maîtrisé cette chute en avant, vous pourrez aborder la réalisation la plus spectaculaire de ce mouvement. Cependant, ne vous y essayez pas sans un enseignant expérimenté à vos côtés.
Le pied gauche en avant, levez le bras gauche jusqu'à ce qu'il soit parallèle au sol. Puis, en cherchant à placer votre main gauche devant votre pied gauche, laissez-vous tomber en avant avec l'élan nécessaire pour rouler. Durant cette chute en avant, dans le sillon de votre main gauche, tournez la tête vers votre épaule droite et roulez le long de votre bras gauche de manière continue, du poignet à l'épaule. Vous finirez sur le dos ; votre jambe droite, pliée sous votre buste, vous permettra de vous redresser.

LE BRISE-CHUTE EN ROUE AVANT

Si vous pratiquez le judo de manière assidue et sur un temps long, vous serez peut-être un jour en mesure de réaliser un brise-chute tel que celui montré ici par Doug Robinson. Bien que cela semble plausible sur la photo, il n'atterrira pas sur le front mais sur le flanc.

L'ÉQUILIBRE

Le succès des techniques de judo comme d'autodéfense repose sur votre capacité à déséquilibrer votre adversaire. Autrement, il faudrait littéralement le soulever, ce qui requiert une force physique considérable et qui est probablement impossible s'il s'avère plus lourd que vous.
A contrario, un adversaire déséquilibré peut bien plus facilement être projeté, car il a déjà une posture titubante.
On pourrait considérer que déséquilibrer quelqu'un puis effectuer une technique de judo représente deux actions successives. Mais il est très important qu'elles se suivent rapidement et fluidement. Le bon rythme, dans la préparation comme dans la réalisation de ces gestes, est essentiel. Il vaut alors mieux penser à cet enchaînement comme aux deux étapes d'une même manœuvre.
Je ne vais pas expliquer en détail comment déséquilibrer son adversaire ici, car cela sera abordé précisément au fil des pages dédiées aux projections que nous avons choisi d'illustrer.
Ce qu'il faut retenir, toutefois, c'est qu'il est souvent nécessaire d'être soi-même en déséquilibre au cours de ces mouvements. Mettre toute sa puissance à l'œuvre pour faire tournoyer quelqu'un au point qu'il s'effondre ne permet généralement pas d'être parfaitement ancrée dans le sol ; ce qui compte, c'est que, dès que vous sentez que l'adversaire a perdu l'équilibre, vous puissiez retrouver le vôtre.

TIRER-POUSSER

Faites semblant de vouloir déséquilibrer votre adversaire vers l'avant, en l'attrapant par le col pour le tirer vers vous de toutes vos forces. Pour éviter de tomber, il fait un mouvement violent en arrière : en changeant la dynamique de votre mouvement, vous cessez alors de le tirer pour le pousser, augmentant son déséquilibre vers l'arrière.
Au cours de la démonstration de cette technique, j'ai poussé mon adversaire loin de moi, fort, afin de me désengager de la prise. Toutefois, vous pouvez aussi utiliser cette méthode pour amorcer une projection, auquel cas il est souvent préférable de garder la prise sur le col de votre adversaire.

SUR LE CÔTÉ

Je tire brusquement sur la manche de mon adversaire de la main gauche et, en même temps, je le soulève par le col de la main droite. Cela le déséquilibre latéralement.

EN ARRIÈRE

Pour déséquilibrer quelqu'un vers l'arrière, il est déconseillé de se contenter de le pousser, car cela vous déséquilibre vous-même. À la place, de la main droite, attrapez la manche de votre adversaire au niveau de son coude droit. Donnez de l'élan à votre mouvement ; vous pouvez même tirer son bras légèrement vers le bas. Cet élan vers l'extérieur vous permettra de garder votre équilibre tout en déséquilibrant votre adversaire.

TECHNIQUES DE BASE DE BLOCAGE DÉFENSIF

Lors de la pratique du judo, il faut savoir contrer et entraver les attaques de votre adversaire. Sans cet apprentissage crucial, vous ne serez pas en mesure de l'empêcher de vous jeter à terre quand bon lui semble et, en conséquence, vous établirez un contact fréquent et répété avec le sol.

Il n'est pas toujours possible de contre-attaquer ; parfois, on ne peut que bloquer le mouvement de son adversaire. Cela nécessite un entraînement ininterrompu, car il s'agit d'apprendre à anticiper les actions de son assaillant. J'ai ici abordé le besoin du blocage dans le cadre du judo, mais ces mêmes pratiques se révèlent utiles dans le cadre d'une agression dans la rue.

BLOQUER UN BALAYAGE PAR LA HANCHE

Si votre adversaire vous attaque à l'aide d'un balayage par la hanche, dont la technique est décrite page 92, tournez la hanche vers lui et poussez-le de la main gauche afin de le déséquilibrer.

BLOQUER UN BALAYAGE EXTÉRIEUR DU PIED

Lorsque votre adversaire glisse sa jambe droite derrière la vôtre pour la balayer, mettez votre poids en avant et poussez-le des deux mains, ce qui le déséquilibrera vers l'arrière.

SEPT
PROJECTIONS BASIQUES

J'ai choisi sept projections parmi les plus simples à aborder pour les débutantes, qui se trouvent également être les plus utiles dans le cadre de l'autodéfense.
Vous vous rendrez sans doute compte que l'un de ces mouvements est plus facile pour vous : travaillez-le d'autant plus, faites-en votre spécialité. Les réflexes, la coordination, le rythme et la confiance : tous ces éléments s'améliorent avec un entraînement régulier, et cette préférence instinctive ajoutera de la vitesse et de l'assurance à vos mouvements.

BALAYAGE EXTÉRIEUR DU PIED

Avancez le pied gauche et placez-le à l'extérieur du pied droit de votre adversaire. De la main gauche, tirez sa manche vers votre hanche gauche ; de l'autre main, en même temps, soulevez-le par le col. Cela le force à mettre son poids sur sa droite et à se déséquilibrer.
Simultanément, pliez votre jambe droite autour de la rotule de son genou droit, sans lâcher sa manche. Pivotez vers la gauche et usez de toute votre force pour que votre jambe heurte l'arrière de son genou.
Ses jambes ne le portent alors plus et il tombe brutalement au sol.

RENVERSEMENT DU CORPS

Avancez le pied droit et placez-le au niveau du pied droit de votre adversaire, en pivotant de manière à vous retrouver perpendiculaire à lui. De la main gauche, tirez sa manche droite vers votre hanche gauche et, de la main droite, soulevez la gauche de son col. Il est alors déséquilibré, son poids porte plutôt sur sa jambe droite. Rapidement, reculez votre jambe gauche pour que votre pied soit au niveau de son pied gauche. Assurez-vous que votre jambe droite est pliée.
En utilisant la dynamique de la traction sur sa manche et son col, tendez votre jambe droite contre sa jambe droite et tournez vers votre gauche. Ce faisant, vous lancez votre adversaire dans un arc de cercle ; il atterrit sur le dos. (Vous pouvez voir la position finale de cette projection page 92.)

NB : cet exercice requiert un rythme précis et un équilibre stable. Nous vous conseillons de vous entraîner au placement des pieds une vingtaine de fois à chacun de vos entraînements afin de muscler vos jambes et d'obtenir la fluidité nécessaire dans vos déplacements.

BALAYAGE PAR LA HANCHE

Avancez le pied droit entre ceux de votre adversaire, le poids légèrement en avant. Tirez sur sa manche droite, vers votre hanche gauche, et poussez sur son col de la main droite afin de le déséquilibrer. Simultanément, reculez le pied gauche de manière à le placer presque à côté du droit. Continuez de tirer la manche droite de votre opposant vers vous et enroulez votre jambe droite autour de sa jambe droite, puis pivotez vers la gauche en amorçant le mouvement par la tête. Accompagnez un à-coup puissant sur sa manche d'une balayette soudaine de la jambe droite. (Sur la photo, ma jambe droite devrait être davantage tendue.) Cela fera tourner votre adversaire dans les airs et il atterrira sur le dos.
Comme pour le renversement du corps, nous vous suggérons de répéter le jeu de pieds ainsi que la coordination entre la traction des bras, le balayage de la jambe et la courbe du corps. La vitesse et la fluidité nécessaires à la réussite de cette technique ne viendront qu'avec un long entraînement.

BALAYAGE DU PIED AVANCÉ

Il s'agit de l'une des projections les plus complexes du judo. C'est bien une technique de base mais elle nécessite plus d'équilibre, de vitesse et de synchronisation pour fonctionner que les autres projections abordées ici. Attrapez la manche gauche de votre adversaire de la main droite, et la manche droite de la main gauche. Avancez votre pied droit et, du bras droit, poussez votre adversaire. Cela le forcera à reculer son pied gauche. Lorsqu'il lève le pied droit pour rééquilibrer sa posture, balayez sa jambe droite, laissée sans protection, d'un coup vif du pied gauche. Assurez-vous de placer l'arche de votre pied au niveau de l'os de sa cheville ou du bas de son mollet, et de ne pas vous cogner les orteils contre sa jambe. D'un mouvement continu du pied gauche, et à l'aide d'un à-coup vers le bas sur son bras droit, vous pouvez le faire tomber par terre. Vous pouvez également profiter de la pression que votre main droite exerce toujours sur le haut de son corps.

HANCHE SAUTÉE

Cette technique est décrite en détail et illustrée de face aux pages 30-31, mais il est important que vous ayez également une vue de côté de cette projection simple et efficace. Vous remarquerez sur la photographie que mes pieds sont presque joints et que mes jambes ne sont pas encore totalement tendues, ce qu'elles seront à la fin du mouvement. Ici, elles sont en position pour le rebond qui met l'adversaire au sol, sur le dos.

PROJECTION EN CHARGEMENT SUR LE DOS

Il s'agit d'une projection populaire au judo et particulièrement pratique pour les femmes. C'est l'une des techniques permettant de soulever un adversaire du double de son poids et de sa taille. De la main gauche, attrapez la manche droite de votre adversaire au niveau du coude. En même temps, avancez le pied droit entre les siens, ce qui vous oriente perpendiculairement à lui, et tirez son bras vers votre épaule gauche afin de le déséquilibrer vers l'avant.

Il est désormais parfaitement placé pour que vous glissiez votre bras droit sous son aisselle droite, afin d'attraper sa manche par en dessous, juste au-dessus de votre main gauche. Votre pied

gauche se rapproche alors de l'autre : ils doivent être écartés à peu près de la largeur de votre bassin.
Pliez les deux jambes pour vous placer plus bas que le centre de gravité de votre adversaire. Gardez le dos droit et tirez son bras vers le bas, en direction de votre propre corps, aussi fort que possible. Simultanément, reculez vos hanches de toute votre puissance.
Cela soulève ses jambes du tatami et, avec le mouvement vers le haut induit quand vous dépliez les vôtres – n'oubliez pas de maintenir la pression vers le bas sur son bras et de baisser votre tête autant que possible –, vous le lancerez dans les airs : vous aurez réalisé l'un des mouvements les plus efficaces de judo.

PROJECTION EN CERCLE

Pour cette projection, attrapez la manche droite de votre adversaire de la main gauche, et son col de la main droite. Attirez-le fermement vers vous pour le déséquilibrer en avant puis plantez votre pied droit dans son abdomen. La jambe, qu'il faut plier autant que possible, est désormais dans la bonne position pour envoyer un coup brusque en avant afin de causer un déséquilibre chez l'autre. D'un bond, mettez-vous à terre, entre les jambes de votre adversaire : vous vous retrouvez sous lui, ce qui le déséquilibre. Il faut que vous atterrissiez d'abord sur le flanc, et que votre dos soit courbé à la manière d'un chat, comme expliqué page 82. En tirant de toutes vos forces, des deux mains, lancez sa tête vers le sol, au-dessus de votre tête, et envoyez simultanément votre pied droit vers le haut : cela lui fait faire une roulade avant, et finir sur le dos.
Attention : ne déclenchez pas le coup de pied avant que vos deux omoplates soient au sol. C'est à ce moment-là que votre adversaire est totalement déséquilibré. Soyez particulièrement attentive à la courbure de votre dos et à bien rouler de vos hanches jusqu'au haut de votre dos, afin de protéger votre colonne vertébrale, un élément particulièrement important et vulnérable de votre anatomie.

KARATÉ

Il n'est tout simplement pas possible d'écrire un livre sur l'autodéfense sans aborder le karaté. Nous en avons intégré plusieurs techniques parmi les manœuvres illustrées dans la seconde partie de cet ouvrage, mais j'ai également isolé quelques mouvements basiques dans les pages qui suivent. Ils peuvent être appris et utilisés à bon escient sans tout l'entraînement requis pour atteindre une véritable maîtrise de cet art.

Karaté signifie « les mains vides ». Comme le judo, cet art descend du jujitsu, de la tradition du combat à mains nues. Contrairement au judo toutefois, sa philosophie est celle de l'attaque. Un maître de karaté est davantage qu'un athlète entraîné : c'est une véritable machine létale. Cet art, dangereux, mortel même, ne devrait jamais être utilisé de manière frivole.

Je suis une judoka enthousiaste, avec des compétences raisonnables ; je n'ai en revanche jamais étudié le karaté en soi, bien que nombre de ses techniques soient utilisées dans l'autodéfense.

J'ai ici choisi d'illustrer certains mouvements de karaté qui, dans le cadre de l'autodéfense, se révèlent utiles lorsque le judo seul ne peut répondre à toutes les circonstances. Par exemple, dans un espace confiné, les projections auxquelles je suis habituée ne seraient pas envisageables.

Le but du karaté est de mettre son adversaire hors d'état de nuire, peu importe ce que cela implique. Pour ce faire, on attaque des points vulnérables du corps avec le poing, le tranchant de la main – rendue rigide par l'entraînement –, ou les pieds.

Deux principes sont au cœur de tous les mouvements de karaté : d'abord, la coordination des muscles de tout le corps afin que votre force, et pas seulement celle de la main ou du pied que vous utilisez pour frapper, soit redirigée dans le coup. En mettant en action tous vos muscles pour que tout votre poids soit concentré dans le pied ou le poing au moment du contact, l'effet sera celui d'un véritable coup de fouet.

Le second principe majeur du karaté est que chaque action amène une réaction. Mais, alors que, sans entraînement, on perd tout simplement l'énergie générée par la réaction ou le recul face à un coup, le karaté en tire profit. Le sol est utilisé comme un tremplin sur lequel les pieds rebondissent et frappent. Lors d'une attaque, si le pied arrière est bien ancré au sol, l'énergie de la réaction traverse le corps jusqu'au bras et donne deux fois plus de force au coup.

Je ne peux pas suffisamment souligner à quel point il faut être prudent dans sa pratique et adopter une attitude responsable lorsqu'on utilise le karaté.

COUP DE PIED LATÉRAL DANS LE PLEXUS SOLAIRE

L'important ici est l'efficacité et la puissance du coup dans la cage thoracique de l'adversaire, ou un peu plus bas si l'on veut faire davantage de dégâts. Mettez votre poids sur votre pied gauche. D'un geste vif, levez le genou droit à la verticale, à la hauteur de votre estomac. Puis lancez votre pied droit directement dans l'abdomen de votre adversaire, comme sur l'image, avec toute la puissance dont vous disposez.
Exécuté correctement, ce mouvement devrait arrêter votre adversaire dans son élan. Au minimum, cela vous donne une chance de vous mettre en position pour effectuer une prise de judo… ou cela vous laisse le temps de fuir !

NB : assurez-vous que votre adversaire soit à portée de votre pied. Dans le cas contraire, vous vous retrouverez en position de vulnérabilité, à un moment où vous êtes déséquilibrée, exposée à une douloureuse contre-attaque.

COUP DE POING À LA GORGE

Avancez le pied gauche, sur lequel vous transférez votre poids. Frappez la gorge de votre adversaire de la main gauche, en faisant démarrer le mouvement dans votre épaule gauche. Votre poing doit être serré aussi fort que possible, avec la phalange du doigt d'honneur ou de l'index surélevée (personnellement, je préfère le doigt d'honneur). Avec la pression ajoutée par votre pied arrière fermement ancré au sol, ce coup blesse le larynx de votre adversaire. Tout le geste doit être fluide et instantané, effectué dans un élan continu.
Sur la seconde illustration, vous pouvez voir que ma main droite est engagée mais reculée, le poignet appuyé à ma hanche. D'une part, cela augmente la force du coup ; d'autre part, je suis ainsi positionnée de manière à pouvoir immédiatement pivoter et, en inversant la position de mes deux bras, cela me permet d'enchaîner avec un second coup de poing à la gorge si le premier a raté sa cible.
Vous voyez également le placement de mes phalanges en gros plan.

COUP TRANCHANT À L'ABDOMEN

Cette technique peut servir à se défendre contre une attaque qui arrive de front ou dans le dos.

Écartez les pieds d'environ cinquante centimètres et pliez légèrement les genoux afin d'être parfaitement stable. Lancez votre bras droit vers votre épaule gauche, devant votre poitrine. Cela vous permet de le relancer en sens inverse, dessinant un arc de cercle et nourrissant la puissance du rebond. En effectuant le mouvement, transférez votre poids de votre pied gauche à votre pied droit et engagez votre main gauche le long de votre flanc.

En contrant une attaque frontale, ce mouvement a d'ailleurs une double fonction car il vous écarte également du chemin de votre adversaire lorsque vous pivotez pour préparer le coup.

COUP TRANCHANT À LA CAROTIDE

Le but, ici, est de bloquer un coup de poing puis d'enchaîner avec un coup du tranchant de la main.
Mon adversaire a tenté un crochet droit vers mon visage : rapidement, je m'avance vers lui et je lève le bras pour contrer son coup. Je mets le pied gauche en avant. Je suis désormais en position pour contre-attaquer.
Notez que, pour atteindre l'effet maximal, la main qui bloque doit être plus droite que sur la photo, pour lui donner plus de force.

D'un geste vif, je place ma main droite au niveau de mon oreille droite : elle doit être raide pour frapper du tranchant de la main. J'abaisse mon bras vers la carotide de mon adversaire tout en pivotant mon corps vers la gauche afin de mettre toute ma puissance dans le coup. Idéalement, mon pouce doit être collé au reste de mes doigts : il faut toujours le garder aussi proche que possible de la paume de la main lorsque vous travaillez les mouvements tranchants.

COUP LATÉRAL AU GENOU

Ce mouvement sert à se défendre face à un coup de poing de la main gauche.

Levez le bras droit et pliez l'avant-bras de sorte qu'il soit perpendiculaire au sol. Cela sert à intercepter l'attaque du poing gauche de votre adversaire. Idéalement, votre main repousse la sienne d'un geste de l'avant-bras vers l'extérieur ; mais sur l'illustration, la force du coup de mon adversaire a dévié mon propre bras. Cela peut arriver si votre assaillant est plus grand et puissant que vous. Cela ne diminue en rien, comme vous allez le voir, l'efficacité de cette technique défensive.

Mettez votre poids légèrement sur votre gauche, levez le genou droit puis, en tendant la jambe, frappez le genou de votre adversaire du bord externe de votre pied. Visez sa rotule. En utilisant la force et la vitesse nécessaires, cela peut déplacer sa rotule, mais même si ce n'est pas le cas, il est bloqué et ne peut avancer vers vous.

Votre main gauche est près de votre buste et toujours engagée, prête à réagir pour vous défendre si votre adversaire tente d'enchaîner avec un coup du poing droit.

COUP DE PIED CIRCULAIRE

Pivotez sur votre pied gauche et transférez votre poids de ce côté-là tout en levant le genou droit vers votre torse, avant de frapper du pied en dessinant un cercle vers l'extérieur. Le mouvement est terminé lorsque votre jambe est tendue et au niveau de vos épaules. Le coup est porté du plat du pied. L'effet de pivot donne de la puissance à cette frappe.

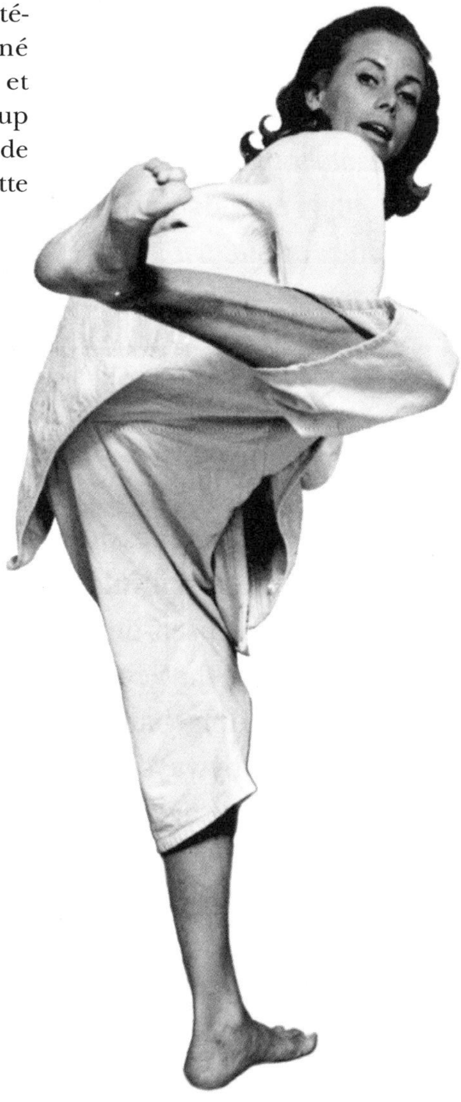

Imprimerie CHIRAT - 42540 Saint-Just-la-Pendue - Septembre 2023
Dépôt légal : novembre 2023 - N° 202309.0251

Imprimé en France